LOES RIPHAGEN

EL ELEFANTITO
PREGUNTÓN

TakaTuka

Hace mucho mucho tiempo los elefantes aún no tenían trompa. Pero un día a un pequeño elefante se le ocurrió meter las narices en los asuntos de los demás, y esto lo cambió todo...

¿Cómo haces para **respirar** bajo tierra?

¡Vaya dos jorobas más grandes! ¿No te molestan?

¿Cómo podéis caminar
cabeza abajo?

¿Una lengua azul?

¡No puede ser!

¿Por qué caminas **de lado** y no hacia delante?

¿No te da **dolor de cabeza** tanto ruido?

¿Cuál es tu comida **favorita**?

Ven, acércate,

si de verdad quieres saberlo…

¡Socorro!

¡Mi nariz! ¡He caído en la trampa!

BAH!

¡Y qué más da! ¡Una trompa
así puede ser muy **práctica**!

SNIF
SNIF